LA BIBLIOTHÈQUE

D'UN ACADÉMICIEN

AU XVIIᵉ SIÈCLE.

INVENTAIRE ET PRISÉE DES LIVRES RARES ET DES MANUSCRITS

DE J. BALLESDENS,

SUIVIS DE SON TESTAMENT.

PARIS.

IMPRIMERIE NATIONALE.

M DCCC LXXXV.

LA BIBLIOTHÈQUE D'UN ACADÉMICIEN

AU XVII⁰ SIÈCLE.

INVENTAIRE ET PRISÉE DES LIVRES RARES ET DES MANUSCRITS

DE J. BALLESDENS[1].

Si l'on prenait à part vingt des hommes les plus érudits de Paris, et qu'on demandât à chacun d'eux : « Savez-vous qui fut Ballesdens, et ce nom vous est-il connu ? », il y a gros à parier que beaucoup, parmi ces vingt, répondraient négativement.

Jean Ballesdens fut pourtant un membre de l'Académie française, fort obscur on le voit; nous allons le tirer aujourd'hui, et pour un court instant, d'un bien profond oubli.

Les biographes, d'ordinaire trop discrets, nous apprennent seulement que Ballesdens fut secrétaire du chancelier Séguier, protecteur de l'Académie, et que les Académiciens voulurent témoigner à ce magistrat leur reconnaissance en recevant parmi eux son secrétaire.

Les biographes nous font encore connaître cette particularité curieuse, que Ballesdens eut pour compétiteur Corneille, Pierre Corneille lui-même, le grand Corneille.

Or, comme Ballesdens vivait dans un temps où l'on rencontrait encore la modestie parmi les hommes, il écrivit au docte cénacle pour le prier de « faire attention à son peu de mérite et à l'éminente supériorité de son concurrent ».

Corneille fut nommé et l'élection de Ballesdens retardée de deux ans.

Au dire de celui qui a inscrit le nom de Ballesdens dans ce temple de mémoire qu'on appelle la Biographie Michaud, Ballesdens a très peu écrit, et, le plus souvent, s'est borné aux fonctions d'éditeur.

Ballesdens mourut à Paris, dans l'appartement qu'il occupait au collège des Cholets, le 27 octobre 1675, dans un âge avancé, léguant tous ses biens à l'Hôtel-Dieu de Paris.

C'est par ce legs universel que Ballesdens touche l'histoire des hôpitaux de Paris; les pièces relatives à l'exécution de son testament sont conservées aux Archives de l'Administration de l'Assistance publique, si riches encore, malgré les pertes que l'incendie de mai 1871 a causées à ce précieux dépôt.

Au nombre des documents dont les notaires, chargés de la succession de Ballesdens, opérèrent le versement entre les mains des anciens administrateurs de l'Hôtel-Dieu se trouve le catalogue — avec prisée des livres — de la bibliothèque de l'Académicien.

[1] Extrait du tome IV des *Documents pour servir à l'histoire des hôpitaux de Paris*, publiés par ordre de l'Administration de l'Assistance publique, par L. Brièle, archiviste de l'Administration.

Or, si Ballesdens ne fut qu'un très obscur Académicien, il fut, par contre, un éminent bibliophile.

M. Leroux de Lincy, dans ses recherches sur Grolier (p. 3o1 et 3o2), le dit expressément, et le regretté bibliothécaire était trop un homme « à ce cognoissant » pour que nous songions à frapper d'appel son jugement.

M. Léopold Delisle, dans son histoire du Cabinet des Manuscrits, s'est aussi occupé de Ballesdens.

Il nous apprend que les manuscrits de l'abbé Ballesdens furent légués par celui-ci à Colbert, à charge de payer à l'Hôtel-Dieu une somme équivalente au prix de la collection, et que la prisée faite par le libraire Aubouyn s'éleva à 949 livres, qu'elle porta sur 87 manuscrits en parchemin, sur 107 en papier et sur 20 paquets renfermant environ 3oo volumes.

Les chiffres résultant du procès-verbal qui fait l'objet de la présente publication sont, à peu de chose près, d'accord avec ceux que donne M. Léopold Delisle, sauf en ce qui concerne le contenu des 20 paquets. On verra que les livres vendus en bloc, sans désignation spéciale, formaient un total de plus de 6,000 volumes.

Un détail que ne pouvaient pas connaître les savants qui ont eu occasion, jusqu'ici, de parler de Ballesdens, puis qu'il ne nous est fourni que par son testament, publié pour la première fois dans notre collection de documents hospitaliers, c'est que Ballesdens avait d'abord proposé aux religieux de Sainte-Geneviève de leur vendre tous les livres de sa bibliothèque, moyennant une somme de 10,000 livres.

Par un codicille, postérieur de plus de trois ans à son testament, il diminua de 800 livres le prix auquel il consentait que ses livres fussent vendus à l'abbaye de Sainte-Geneviève.

Nous devons croire que, malgré cette concession, les Génovéfains ne purent ou ne voulurent pas se rendre acquéreurs des manuscrits de la Ballesdane (c'est le nom qu'on donnait à la bibliothèque formée par Ballesdens), puisque en fin de compte ils furent achetés par Colbert.

Il est regrettable que les livres composant le fonds de cette bibliothèque n'aient été ni catalogués, ni vendus en détail.

Nous possédons un inventaire de cette vente en bloc, dont la lecture n'est cependant pas sans intérêt.

On y rencontre les noms de Racine, de Boileau, de Lafontaine, de Furetière (onze fois) et de Baluze (plus de 4o fois).

Nous avons pensé que les personnes qui s'occupent de bibliophilie et d'histoire littéraire ne liraient pas sans intérêt un catalogue où l'on voit la composition de la bibliothèque d'un homme tel que Ballesdens, avec l'estimation faite par des libraires connus, article par article, d'un assez grand nombre de livres rares et de manuscrits, dont tous, ou presque tous, se trouvent aujourd'hui conservés dans notre Bibliothèque Nationale.

Nous avons pensé en outre qu'en rappelant — ne fût-ce que pour un instant — l'attention sur le nom d'un homme qui, à ses mérites de bibliophile, joignit celui d'augmenter par ses libéralités la fortune de notre vieil Hôtel-Dieu, nous nous acquitterions d'un devoir de reconnaissance dont l'Administration de l'Assistance publique a, aujourd'hui plus que jamais, le juste sentiment.

INVENTAIRE ET PRISÉE DES LIVRES

DE LA BIBLIOTHÈQUE DE M. DE BALLESDENS.

1. Breviarium romanum cardinalii Quignonii. Prisé 10ᵗᵗ 10ˢ
2. Chryptographia et steganographia Seleni. 3 00
3. 1 Dictionnaire de Monet............ 1 10
4. Histoire du mareschal de Guebriant, du Laboureur.................... 4 00
5. Titus Livius, cum notis variorum 1578 c. figuris..................... 5 00
6. Roland furieux, à Lyon 1544 .... 00 10
7. D. Dyonisii opera. Lat. g. papier. 2 voll. 1644....................... 10 00
8. Theophanis Chronographia Lat. E typ. Regiâ....................... 5 00
9. Syncelii Chronographia Lat. E typog. Regiâ....................... 5 00
10. 1 histoire de Charles VI imprimée au Louvre....................... 7 00
11. 1 comm. Cæsaris cum figuris et notis variorum franc. 1575............... 4 00
12. Estius. In sententias. 2 voll. P. 1662... 10 00
13. Origines de la ville de Clermont par Durand......................... 2 10
14. Histoire de Charles VII. Imp. au Louvre. 7 00
15. Cour Saincte du Père Causin. Pap. fin. A. P. 1645..................... 7 00
16. Delle phrasi toscane. Libri XII di gio Stephano...................... 00 15

17. Histoire des plantes d'Alechamps, à Lyou 1615. 2 voll.................. 9ᵗᵗ 00ˢ
18. Reynerii Pantheologia. Lug. 1655. 3 voll...................... 9 00
19. Méthode du cardinal de Richelieu. à P. 1651....................... 5 00
20. Songe du vergier. Lettre gothique....... 00 10
21. Bibliotheca juris canonici. P. 1661. 2 voll...................... 12 00
22. Bonfrerus in Josué, Judices et Ruth. P. 1631...................... 00 15
23 Coustumier général; lettre gothique. P. 1500...................... 1 00
24. Histoire de Barbarie par P. dan. g. p. A. P. 1649.................... 2 10
25. Jansenius gandavensis, In evangelia. Lug. 1580...................... 8 00
26. Bonæ spejus. Bruxelles 1652......... 1 00
27. Passeratius in Catullum. P. 1608...... 4 co
28. Tite Live en allemand avec des figures en tailles de bois.............. 00 10
29. Corpus canonicum cum glossis. P. de la Navire 1612. 3 voll............ 30 00
30. Sancta Evangelia per J. de la Peyre, 1610....................... 00 15
31. Biblia sacra hebraica latina interlinearis, cum novo testamento græco latino. Ariæ. M. Ant.................. 12 00

32. Dictionnaire civil et canonique de Thaumes. g. pap.................. 5ᵗᵗ 00ˢ
33. Hydrographie du P. Fournier. gr. pap. à Paris 1643.................. 8 00
34. Petrus a bella Pertica In digestum novum. 4 00
35. Bibliotheca præmonstatensis. P....... 1 10
36. V. Bucca Ferrejus. In Arlem......... 00 10
37. Peregrinatio Hyeros⁵ Per Breydembach. 1 00
38. Epistolæ Plinii variorum............ 00 15
39. Les notaires de Papon. 3 voll. à Lyon 1600..................... 12 00
40. Vies des Saints par René Benoist. 3 vol. à P. 1587.................. 6 00
41. Machumetis alcoranum Lutheri....... 5 00
42. OEconomia bibliorum. Edcri Col..... 6 00
43. Fabricii conciones, In psalmos. Genevæ 1620..................... 1 00
44. Revelationes sanctæ Brigittæ. Nurembergi 1517.................. 1 10
45. Les paraphrases d'Erasme sur le N. testament................. 1 00
46. Commentarii grammatici J. Despauterii. P. 1537.................. 00 10
47. Epitome bibliothecæ Gesneri tiguri 1574. 2 00
48. Aymo. In consuetudines Arverniæ. P. 1548....................... 4 00
49. Epitome theatri vitæ Lycostenis....... 1 10
50. Chronicon chronicorum per tabulas... 00 10
51. Bœthii opera. Basilea.............. 4 00
52. Paralleli militari di patrici. In Roma 1584..................... 3 00
53. Distinctiones Bartholi.............. 00 10
54. Institution harmonique de Salomon de Caus...................... 1 00
55. Historia Lombardica id est, legenda Aurea Goth.................. 1 00
56. Livre allemand, taille de bois, de Ciceron....................... 3 00
57. Laisné sur Isaye................. 00 15
58. Plautus variorum................ 1 10
59. Calcagnini opera. Bas. 1544........ 1 00
60. T. Raynaudus, de virtutibus. Lug...... 00 15
61. Hist. plantarum mexicanarum. Hernandez...................... 6 00
62. Barth. Westhemerus. In psalmos...... 1 10
63. Tertuliani opera, Pamelii. P. 1608.... 8 00
64. Histoire de la guerre sainte de Dupreau 1574..................... 3 00
65. Hist. du C. Lesdiguières........... 1 10
66. Les illustrations de Gaules de J. Lemaire. 00 15
67. Adagia Erasmi.................. 00 15
68. Lazius, de rebus Graciæ, cum figuris.. 1 10

69. Lucian, antienne traduction........ 1ᵗᵗ 00ˢ
70. Synopsis Juris Lecenclavii.......... 1 00
71. Vollaterani commentaria........... 00 10
72. Coust. d'Amiens commentee par Adrian d'Heu..................... 6 00
73. AEliani opera g. lat. figuri......... 9 00
74. Pugio fidæi. P................. 6 00
75. Herodote, de Duryer............. 3 00
76. D. Cipriani opera, Pamelii. P....... 3 00
77. Zuingerus, In psalmos............ 00 15
78. Drie donis opera Louanii ? P....... 1 00
79. Vitæ Patrum Rosveydii 1628........ 6 00
80. Histoire de France de Serres........ 3 00
81. Marsilii ficini opera. P. 1612. 2 voll.... 9 00
82. Canones apostolorum balsamonis g. Lat. 6 00
83. République de Bodin............. 1 00
84. Diodorus Siculus g. lat. 1604........ 18 00
85. Bibliothèque de Duverdier à Lyon 1585. 2 00
86. Histoire de Navarre de Galand à Paris 1640.................... 1 10
87. Le monde de Davisy. 5 voll. fol. P. 1643. 10 00
88. Aristotelis Politica, græco-latina Lambini. 00 10
89. Annales Romanorum pighii 1599...... 00 15
90. Cassandri opera P. 1616........... 6 00
91. Biblia rabinica latina Munsterii. 2 voll. 4 00
92. Encyclopœdia Alstedii. 2 voll....... 10 00
93. Sanderus de visibili monarchia Ecclesiæ. 3 00
94. Aristotelis opera Casauboni g. lat. Lug. 1580.................... 4 00
95. Isocratis opera. g. lat. Henrici Stephani P. 6 00
96. Recueil du Chastelet............. 1 00
97. O. d'Ambroise Paré à Lyon 1633..... 5 00
98. Décade de Legrain. Hist. d'Henri 4 et Louis 13................. 1 10
99. Lazius, de migratione gentium. Bas. 1557 2 00
100. Hyeroglifica Pierii Lug. 1590........ 1 00
101. Ruellius, de naturâ stirpium P. 1536.. 4 00
102. Guiberti abbatis opera g. pap. 1651... 6 00
103. Abrégé de Baronius de sponde, par Copin. 2 voll.................. 9 00
104. Hist. de Pline à Lyon 1584. 2 voll.... 5 00
105. La saincte géographie de Lapeyre à P. 1629.................... 00 15
106. Biblia sacra Rob. Stephani 1546...... 6 00
107. Biblia sacra vulgata P. 1618........ 6 00
108. Généalogie de Lassis à Anvers 1645... 3 00
109. Concordantia bibliorum P. de Besse. P. 1611.................. 10 00
110. Marthyrologium R. Baronii P. 1645. g. pap...................... 6 00
111. Bibliothèque universelle de Boyer g. pap. 1640.................... 5 00

N°	Titre	Prix
200.	Antiquitates conviviales Stuckii. mar...	8^{tt} 00'
201.	Concilium tridentinum cum declarationibus Louani..................	12 00
202.	Tite Live en allemand avec des figures en bois..................	2 00
203.	La Gerusalemme di Torquato Tasso. In Geneva.................	6 00
204.	De antiquitate Ecclesiæ Anglicanæ. Hannoviæ...................	4 00
205.	Annales d'Acquitaine, du Bouchet......	1 00
206.	Epistolæ Jacobi Piccolomini. Mediolani 1521....................	1 10
207.	Hist. Ecclesiæ scriptores Christophori Orsoni...................	12 00
208.	Harmonia 4 Linguarum cardinal. Crucigeri..................	2 10
209.	Agellius In psalmos. Romæ..........	2 10
210.	Tite Live en allemand, figures en bois..	1 00
211.	Genealogiæ principum Rittershusii....	4 00
212.	Angeli Politiani opera. Bas..........	1 10
213.	Gallia christiana. 4 vol. P..........	30 00
214.	Ant. Campanii. opera..............	5 00
215.	Augustini Dati opera..............	5 00
216.	Hérodote et Thucidide, antiene trad....	1 00
217.	De antiquitate Benedictinorum in Anglia..................	4 00
218.	Hœpingius, de jure insignium........	4 00
219.	Antiquitez de la gaule belgique de Wuassebourg...................	15 00
220.	Antiquitates conviviales Stuchii. Bas...	5 00
221.	Stuchius de sacrificiis. Figuri........	4 00
222.	Vetus testamentum..............	10 00
223.	M. de la Franche Comté de Goulu.....	2 00
224.	Reinecius de familiis ant. Bas........	3 00
225.	Cosmographia Merulæ, peint........	4 00
226.	Harmonia Mundi g. veneti..........	4 00
227.	Pauli Jovii vita et elogia, cum figuris...	12 00
228.	St Ephram Syri opera. col. gasté......	3 00
229.	Concilia generalia de Crabbe. 3 voll col. 1551..................	10 00
230.	Vieil vies des Saints a Douay..........	1 00
231.	Dictionnaire de Monet, a Lyon........	1 00
232.	Les Jeaunes de Golzius en françois.....	8 00
233.	Simon de Cassia, in Evangelia. Bas....	2 00
234.	Lexicon Martini Bremæ 1623.........	10 00
235.	Biblia sacra Isidori Clari. Venetiis.....	8 00
236.	Promptuarium Juris Montholoni. 2 voll.	4 00
237.	Arbor vitæ crucifixæ de Casali........	3 00
238.	Conformitates sancti Francisci, gothique. Mediol..................	3 00
239.	Bellendenus, de tribus luminibus Romanorum..................	1 00
240.	Strabonis geographia. g. lat. Casauboni.	11^{tt} 00'
241.	Hyerarchia Ecclesiæ. Pighii..........	1 10
242.	Biblia Castalionis. Bas.............	2 00
243.	Flores Historiarum Evest monasteriensis. Lond..................	2 10
244.	Adami Sasbout opera. col............	3 00
245.	D. Carthusianus. In psalmos.........	2 00
246.	Titelmanus. In psalmos.............	2 00
247.	Scotorum hist. Bœthii. P............	2 00
248.	Scotorum hist. Buchanani, Edimburgi..	3 00
249.	Quintiliani opera. Vascosani 1542......	3 00
250.	Kepleri Harmonia Mundi............	2 00
251.	M. de M. de Sully, 2 voll............	5 00
252.	Rami Scholæ. Bas.................	1 00
253.	Cité de Dieu de Saint Augustin 1610...	1 10
254.	Vie de Don Philippe, Anvers.........	1 00
255.	Aymius, de jure alluvionum. Bononiæ..	1 10
256.	Ulmi Physiologia herbæ Bononiæ......	3 00
257.	Coust. du Maine, gothique, de Rouille..	3 00
258.	Ludolphus de vita Christi...........	3 00
259.	Dictionnaire de Nicol. à P...........	1 00
260.	Henningii Analysis................	3 00
261.	Stephanus. de Urbibus.............	5 00
262.	Cassiani opera, ex correct. Dyon. Carthus..................	1 10
263.	Serranus in Leviticum..............	1 00
264.	N. Testamentum grecè, e typ. regia....	8 00
265.	Deffence de la Royne mère, de Saint-Germain..................	1 00
266.	Hospinianus, de Festis..............	3 00
267.	Annales de France, de Belleforest. 2 voll. P..................	5 00
268.	Hist. Plantarum, de Lobel. Londini....	3 00
269.	Exercitationes biblicæ, Morini........	12 00
270.	Hist. ecclesiastique, du Preau. 2 voll. P.	4 00
271.	Fleurs de la solitude du P. Simon de Meslin..................	6 00
272.	Antiquitates J. Viterbensis, Romæ.....	2 00
273.	Hist. d'Italie de Guichardin.........	3 00
274.	Catalogus testium veritatis...........	4 00
275.	Hist. des comtes de Poictou par Besly..	3 00
276.	Supplementum d. August. g. pap. 2 voll.	20 00
277.	M. de Comines, du Louvre...........	12 00
278.	Tarade, de Beneficiis g. p. maroq.....	3 00
279.	Novum testamentum Bozæ g. lat. g. pap.	7 00
280.	Tactie. g. pap. de Monsieur Le Maistre.	2 00
281.	Dictionn. græco latinum, Tusani......	1 10
282.	Quintilianus Vascosani.............	3 00
283.	Pullus, in sententias...............	1 10
284.	Chronologia Genebrardi Lug.........	3 00
285.	Vies des Saints du P. Simond Martin g. pap. à P..................	15 00

286. Felinus, in psalmos. Bas............ 00ᵗʰ 15ˢ
287. P. Aurelii opera P. 1642........... 6 00
288. Pandectæ triumphales Medii........ 5 00
289. Adagia Erasmi fol. P.............. 00 10
290. Description des Bays Bas, à Anvers.... 4 00
291. Biblia sacra Louanii 1547. Maroq..... 8 00
292. Inscriptiones antiquæ Lipsii........ 6 00
293. Hist. des papes, de Duchesne, g. p. à P.
    2 voll...................... 15 00
294. Recueil de figures de Thaumas Leleu... 3 00
295. Ant. Sola. in consuetud. ant. Sabaudiæ. 1 00
296. Nova practica della Sania da Malfi.... 1 00
297. Panoplia clericalis du Saulsay........ 2 10
298. Hermolaus barbarus, in Plinium...... 00 15
299. Antiquitates romanæ Dempsteri....... 3 00
300. Bucherius, de doctrina temporum..... 1 10
301. Antonius Gabulius, de vita Pii V, Romæ. 1 10
302. Cottunius, de statu animæ rationalis... 1 00
303. OEuvres de Grenade, de la traduction de
    Gaultier..................... 1 10
304. Feronius, in consuetudines burdigalenses. 4 00
305. Ciceronis opera. Lambini, maroq. 2 vol. 15 00
306. Homeliæ Perboni, gothique......... 3 00
307. Théatre d'honneur de plusieurs princes,
    figures.................... 15 00
308. La republique de Bodin............ 5 00
309. Psalterium e typographiâ regiâ....... 4 00
310. Lazius, de migratione gentium. Bas.... 3 00
311. Demosthenis opera græcè g. p........ 3 00
312. Oleaster in Pentateuchum...:...... 12 00
313. Dyonisius in Dyonisium........... 6 00
314. Bavaria sancta, Raderi, cum figuris.... 30 00
315. Senecæ opera. 1580 P............ 1 00
316. Les 2 prem. vol. du trésor chronol. de D.
    Romuald................... 5 00
317. Bibliothèque de La Croix du Maine.... 2 00
318. Epigrammata Brodœi.............. 3 00
319. Tiraguellus, de Legibus connubialibus.. 1 10
320. Revelationes sanctæ Brigittæ, goth..... 2 00
321. Pighius, de libero arbitrio........... 1 00
322. Les petits hist. romains d'Erasme..... 1 10
323. Le premier volume de Valesius, rerum
    Franciæ.................... 1 00
324. Magnum opus musicum Orlandini..... 6 00
325. Virgilius variorum, cum figuris 1529.. 1 00
326. Christophori Marcelli opera......... 1 00
327. Plutarque en françois 2 vol......... 5 00
328. Antoniana Marguarita 1554......... 3 00
329. Cosmographie de Munster.......... 1 00
330. Psalterium Justiniani Mediolani....... 1 10
331. Mineralogia Cœsii............... 2 00
332. Cuspinianus de Cæsaribus.......... 2 00

333. Chronologie de Lapeyre............ 2ᵗʰ 00ˢ
334. Hist. de l'église d'Orléans par Guyon... 2 00
335. Hist. de la ville d'Orléans par Lemaire.. 2 00
336. Térence en franc. goth avec des figures
    en bois.................... 1 00
337. Livre de vers en allemand avec des figures. 3 00
338. Albertus Durerus, fol............. 1 00
339. Annales Roberti Gaguini, fol......... 1 00
340. Notitia orientis et occidentis......... 1 10
341. Notitia dignitatum Imperii.......... 1 00
342. Juste Lipsii opera. 2 vol. Lugd........ 10 00
343. Bibliotheca homeliorum et serm. prisc.
    patrum. 4 voll.............. 15 00
344. Magna constructio Theonis et Ptolomai. 2 00
345. Glossarium H. Steph. g. lat......... 3 00
346. Aulus gellius, fol. goth. mar........ 1 10
347. Philostrati heroica.............. 1 00
348. Turnebi adversaria.............. 1 00
349. Ruellius, de naturâ stipium.......... 2 00
350. Missale romanum. Paris........... 1 00
351. Sermones Lanuza, en esp. 4 vol....... 6 00
352. Cassiodorus, in psalmos, goth....... 3 00
353. J. Major in sententias, goth........ 1 00
354. Hist. de Charles V, du Louvre........ 9 00
355. Dyonisius Halicarnasseus, græcè...... 3 00
356. Piscara, de ritibus ecclesiasticis....... 1 10
357. Le Franc-alleu du Languedoc......... 5 00
358. Demosthenis opera, lat............ 1 10
359. Cortegiano del conte Baldesar........ 1 00
360. Salinas, de Musicâ............... 5 00
361. Les vies de Plutarque, de Morel. 2 vol. P. 4 00
362. 3 voll. de Marandé............... 6 00
363. Orationes Ciceronis, cum notis vario-
    rum. 2..................... 4 00
364. Campani opera................. 4 00
365. Vocabolario della Crusca. 1612....... 12 00
366. Biblia Lutheri en allem. cum figuris.... 15 00
367. Chronica chronicorum, cum figuris.... 3 00
368. Pœtæ græci Henri Steph. græcè...... 7 00
369. Cité de Dieu, de Saint Augustin, trad. en
    fran. 1486.................. 8 00
370. Nicolai primi papæ Epistolæ. Romæ.... 5 00
371. OElius nebrissensis, de rebus hispanicis. 4 00
372. Guilelmus altissiodorensis, in sententias. 8 00
373. Titelanus, de veritate............. 1 10
374. Epistolæ d. August. goth.......... 1 00
375. Arianus, de expeditione Alexr Magni. g. lat. 3 00
376. Hist. de la guerre sainte de Dupréau... 1 10
377. Onus Ecclesiæ................. 1 10
378. Regimine de los principes.......... 1 00

FIN DES IN-FOLIO.

379. Etymologium magnum, grecum....... 2 00

3

Inventaire et prisée des manuscrits en vélin trouvez dans ladite bibliothèque [1].

431. Des heures avec des images et vignettes en miniatures, sur la tranche desquelles est escrit le nom de Coligny. 10^{tt} 00^s

432. Des heures, avec les armes du chevalier Digby 3 00

433. Des heures relieez en vieux veau noir, figures gotbiques 00 10

434 et 435. La nef des fols du monde, avec des figures peintes en forme de miniature 6 00

436. 2 traittez de Jerson et 3 livres de la sagesse 3 00

437. Processionnal en velin, avec 3 ou 4 miniatures. 3 00

438. Livre des Eschets, translaté en françois par Jean du Vignay, religieux, dédié à Jean de France, duc de Normandie, fils du roy Philippes. 5 00

439. Livre de Hugues de St Victor sur Hieremie, lat. 3 00

440. Livre contenant plusieurs ballades des femmes, la complainte en vers de Fredet au duc d'Orléans, etc. 6 00

441. Ordo officii ecclesiast. per totum annum decantandi. 10 00

442. La chronique de Regino, caractère très antien. 15 00

443. Pseaultier en francois. 2 00

444. Orationes ante Missam dicendæ. 1 00

445. De Modo loquendi et tacendi. 2 00

446. Breviaire a l'usage de Meaux l'an 1412. 3 00

447. Le Romant de Charité. 1 00

448 et 449. Le miroüer de la Mort, vers antiens. 1 00

450. Registres des expeditions de la chambre de Justice, l'an 1607 . . . . 44 00

451. 2 traittez de N. Oresme, de la sphère et des divinations. 2 00

452. Des heures en velin, avec des petites figures. 1 10

453. Des heures avec des armes de Foix. . . . 2 00

454. L'histoire de Paolo Orose. 2 00

455. Les rubriches du Livre des vertus et des vices, escrit par J. Hubert, l'an 1464, par ordre d'Isabeau, fille ainée du Roy d'Escosse, duchesse de Bretagne. . . . 10 00

456. Le romant de la Rose, avec des miniatures. 3 00

457. Missel antique, avec des figures antiques (Il a appartenu à l'évesque de Léon). 3^{tt} 00^s

458. Des heures avec des figures en camayeux. 6 00

459. Des paraphrases sur le Miserere. 00 10

460. Le trésor de J. de Meun, en vers francois. 1 10

461. Des Heures a l'usage de Rome, l'an 1513. 3 00

462. OEneide de Virgille, caractères très antiens. 3 00

463. Breviaire romain avec les armes du card. d'Amboise et figures en miniatures. . 12 00

464. Recueil de diverses pièces, expositio orationis dominicæ, etc. 2 00

465. Livre sur les tableaux de la gallerie de la Reyne, 1616, avec des figures. 1 10

466. Recueil de vers moraux et opus Ricardi. 1 00

467. Livre intitulé : s'ensuyvent les lignées des roys de France. 1 00

468. La chronique de monseigneur J. Lebel, chanoine de Saint Lambert de Liege, et ensuitte de Froissard. 40 00

469. Des heures grecs, avec des graduels à la teste pour toute l'année. 1 10

470. Alphabeth gothique figuré. 3 00

471. Les règles du Jeu des Eschets en latin, avec des figures. 1 00

472. Commentaire sur les dix commandemens de Dieu. 1 00

473. Recueil de vers italiens. 1 00

474. Odo, abbas, de Numerorum, scilicet unitatis et dualitatis, mystica significatione. 3 00

475. Livre intitulé Speculum Salvationis humanæ, avec des figures en camayeux à chaque page. 5 00

476. Livres avec des antienes figure en forme de prophettie. 1 00

477. Legende dorée: avec des figures en grisailles. 15 00

478. Le vieux et nouv. testament en figures et grisailles. 3 00

479. Une translation d'Ægidius Romanus, du gouvernement des princes, faicte par H. de Gauchy, du temps de Philippe le Bel. 4 00

480. Le pelerinage de la vie de l'homme 1511. 2 00

481. Livre intitulé : de necessitate et sufficientia vitæ humanæ, par de Paternis, a la prière de la Dauphine de Beaufort à laquelle il est dédié. 4 00

482. Vie de sainte Marguerite, avec des miniatures. 00 10

483. Les Commentaires de César en latin. . . 3 00

484. La confirmation faicte par Louis XI des privilèges des notaires et secrétaires et ampliation desdits secrétaires. . . . 1ᵗᵗ 10ˢ

485. Passion de N. Seigneur translatée du lat. en francois, a la prière de dame et princesse Isabelle de Bavière, reyne de France, l'an 1398, avec des figures en camaieux. 5 00

486. Heures à l'usage de Paris, avec plusieurs vignettes et miniatures. 6 00

487. Enseignements contre les pechez mortels en vers, avec des figures et vignettes en miniatures 5 00

488. Des Heures en miniatures. 1 00

489. Les epistres de Saint Paul avec la préface de Sᵗ Hyerosme. 1 00

490. 3 traittez de Ciceron, de claris oratoribus, etc. 2 00

491. Traittez de Polibe en grec. 1 10

492. Antiene Bible sans commencement. 1 00

493. Des heures reliez a la mosaique avec miniatures. 3 00

494. Pseautier de David, relié a compartiments 1 00

495. Heures en vélin avec des figures blancs et noires. 3 00

496. Tibulle et Catulle, et le Priscien avec des annotations. 5 00

497. Pseautier, gros caractère, avec des miniatures. 3 00

498. Des opuscules de S. Augustin. 1 00

499. Heures en vélin, avec des figures noires et blanches. 00 10

500. Ephemerides et saillyes de Metz. 1 00

501. Les regles de S. Benoist et de Fontevraux. 2 00

502. La montagne de contemplation, traduite de Gerson. 1 00

503. Les 4 évangiles, caractere tres antien, avec les prologues de S. Hyerosne. . 30 00

504. Heures, avec de gros fermoirs, et figures de miniature. 5 00

505 et 506. Epistolæ Anselmi, d'un caractere tres antien. 6 00

507. Breviaire a l'usage de Paris, tres antien. 4 00

508. Les soliloques de S. Augustin. 1 00

509. Livre intitulé : s'en suit comment le royaume de Gaule fust nommé France, et Lutèce Paris. 00 10

510. De oculo morali et Distica Catonis cum comment. 1 00

511. Pseautier, gros caractère goth. fig. goth. . 10 00

512. Heures antienes avec miniatures gothiques. 3ᵗᵗ 00ˢ

513. Heures avec miniatures (Bretagne). 3 00

514. Les evangiles des quenoüilles. goth. . . . 1 00

515. Recueil de diverses histoires et lettres du pape et du turc. 1 00

516. Papus Alexsandrinus de Machinis, avec des figures antienes, grec. 10 00

517. Recueil de plusieurs chants royaux par Pierre de Heurs. 1 00

518. Tractatus de pontificali officio, compositus a Landulpho de Colomna, canonico carnotensi. 3 00

Vita sancti Nicolai, folio. Apophthegmata, græce. Manuscrits en papier.

Quatorze vollumes in folio reliez en maroquin incarnat, contenant :

519 et 520. L'histoire de la condamnation des templiers, et les procez criminels du mareschal de Rays et du comte de Saint Paul en 1440 et 1475.

521. Le procez criminel de Jean duc d'Alençon, l'an 1456.

522. Le proces criminel de René d'Alencon l'an 1481 et 1482.

523. Instructions diverses des ambassadeurs, depuis François Iᵉʳ 1535, jusque en 1636 soubz Louys 13ᵉ. 2 voll.

524. Mémoire du duc de Rohan.

525. Les gestes du connestable de Montmorency.

525 bis. Traittez et negotiations d'Allemagne et Süysse.

526. Les droits de nos Roys sur les royaumes et pays étrangers.

527. Traittez concernants les affaires de Naples et de Sicile.

528. Traittez concernants la Savoye, etc.

529. Traittez qui monstrent que le royaume d'Escosse est feudataire du royaume d'Angleterre.

530. Pieces de la Ligues et ambassades diverses.

531. Cerèmonies antienes observées aux gaiges de bataille et querelles.

Tous lesquels 14 voll. nous avons prisé ensemble. 140 00

532 et 533. Le debat du chrestien et du sarasin, appellé l'Alcoran. 10 00

534. Gaudentius Merula in Plautum. 3 00

535. Epistolæ Jacobi, regis Britanniæ. 5 00

604. Recueil de pieces de Postel et de lettres
a luy escrittes................... 3^{tt} oo^s
605. Projet pour bastir une maison en l'isle
de Grenel pour les Invalides et vaga-
bonds....................... 1 oo
606. Livre contre celui de M. Grotius, des origines des peuples.............. 1 oo
607. Thesaurus thesaurorum en vers, exhi-
bens illustres inscriptiones christia-
nas......................... 1 oo
608. Maldonat, de sacramento pænitentiæ... 1 oo
609. Instruction pour la charge de grand
maistre et de superintendant....... 1 oo
610. Traittez des trois estats de France, du do-
maine, en quoy il consiste, des fi-
nances et revenus du royaume..... 1 10

MANUSCRITS GRECS.

611. Plusieurs traittez de Johannes Sinaita,
de l'histoire des Indes........... 15 oo
612. Les epistres de S. Grégoire de Na-
zianze...................... 10 oo
613. Stephani Magnetis empirica......... 10 oo
614. Georgii Pachimerii, mathematica, arith-
metica, musica, geometrica et astro-
nomica...................... 15 oo
615. Les poesies de S. Cyrille d'Alexandrie et
Theodore.................... 15 oo
616. Le Journal de M. Erouard, premier me-
decin du Roy, relié en six volumes
en bazane vert, prisé............ 40 oo
617. 2 autres volumes de lettres originales.. 20 oo
618. 1 vol. des ambassades de M. Hotman.
619. 1 vol. de lettres originales du connestable
de Montmorency, ensemble........ 30 oo

Nous soubsignez, marchands libraires à Paris, re-
connaissons avoir faict la presente inventaire et prisee
des livres de la Bibliotheque de feu mons^r de Balesdens,
chanoine de Nantes et de Noyon, en nostre foi et cons-
cience, et après la supputation par nous faicte, nous
avons trouvé que ladicte Inventaire, contenüe en trente
six pages d'escriture se monte a la somme de quatre
mil quatre cent soixante et neuf livres quinze sols, scavoir :

14 pages des in-folio et pacquetz des livres
imprimez aussi in folio............. 1878^{tt} 15^s
4 pages de manuscrits en velin........ 386 10
6 pages de manuscrits en papier....... 532 10

A reporter..... 2797 15

Report........ 2797^{tt} 15^s
1 page de manuscrit en grec.......... 125 oo
11 pages des livres imprimés qui estoient
dans soixante caisses [1] et dont nous
avons fait des pacquets tous par nous
cottez........................ 1547

4469^{tt} 15^s

Aussi bien que le present inventaire, en foy de quoy
nous avons signé à Paris, le vingt deuxieme novembre
mil six cent soixante et quinze.

Signé : P. Aubouyn, Jacques Villery.

Depuis la cloture du present inventaire, il s'est encore trouvé 2 vol. de manuscrits iu-folio qui sont les
ambassades de monsieur Hotman et un recüeil aussy
in folio de lettres originales du connestable de Montmorency que nous avons prisé ensemble 30 ^{tt}.
Laquelle somme, adjoutee au total cy dessoubs de
4469^{tt} 15 s., cela faict 4499^{tt} 15 s.

Signé : P. Aubouyn.

Extraits de l'Inventaire après décès.

Ensuivent les tableaux.
Item un petit tableau a cadre doré qui représente la
mère de François Ier, peint sur bois, prisé, xxx s.
Item un autre petit tableau à bordure de bois repré-
sentant Jacques Cœur et sa femme, peint sur bois,
x livres.
Un autre petit tableau peint sur bois représentant
Cosme de Médicis, xxx s.
Un autre grand tableau représentant saint Paul,
garny de sa bordure dorée, prisé cinquante livres.
Un autre grand tableau sans bordure représentant
toute la nature peint sur toille, prisé la somme de
vi^{xx} livres.
Un autre tableau représentant un cardinal, xxx s.
Un tableau représentant une vierge d'apres Raphael,
vi livres.
Une teste de Seneque, de pierre, iiii livres,
Une annonciation gothique sur du bois, xx solz.
Un tableau rond où est représenté une scène de Nostre
Seigneur esmaillé sur cuivre, garny de sa bordure de
bois, xxii livres.

---

[1] Ces soixante caisses renfermaient plus de 6,000 volumes, qui
furent vendus eu bloc par les libraires, par paquets de 10, 20 et
même 30 volumes. Si l'on ajoute à ces 6,000 volumes les 439 dont
nous avons donné le catalogue détaillé et les 341 compris sous les
n°s 380 à 430, on voit que la bibliothèque de l'académicien Ballesdens se composait d'au moins sept mille volumes.

Un autre tableau représentant un paisage sur castore, iii livres.

Un autre petit tableau peint sur bois, ou est representé une Nativité fermant à deux vollets, iiii livres.

Un autre petit tableau peint sur bois representant Raphœl, iiii livres.

Deux autres petits tableaux representant deux portraitz d'enfans de princes allemands, xxx solz.

Un autre tableau peint sur bois ou est representé une vierge dans un paisage, garny de sa bordure taillée dorée, xxiiii livres.

Un autre tableau peint sur bois sur lequel est représenté la decoration (*sic*) saint Jean, garni de sa bordure de bois (*donné a S' Jean d'Amiens*), xv livres.

Un autre tableau representant un inventaire peint sur bois, vii livres.

Un autre tableau peint sur toille, ou est representé sainct Charles Borromé, garny de sa bordure de bois noircy, x livres.

Un autre tableau où est représenté monsieur l'evesque Du Bellay, xxx s.

Un autre tableau d'email, au nombre de neuf, sur lesquelz sont representez diverses figures d'hommes, femmes et autres animaux, xv livres.

Un autre petit tableau peint sur bois, sans bordure, ou est representé Nostre Seigneur arresté par les Juifs dans le Jardin des Olives, xl solz.

Un autre tableau peint sur bois sur lequel est representé une figure d'homme, au dos duquel est escript : *original de Michel de Montagne*, xv solz.

Un autre tableau peint sur bois, sur lequel est représenté la femme de Charles Quin, garny de sa bordure de bois doré, xx s.

Un tableau rond en esmail, sur lequel est representé l'empereur Julien, garny de sa bordure de bois, lx s.

Un tableau rong en esmail sur lequel est representé Marc Oreille a cheval, garny de sa bordure d'esmail et bois taillé, x livres.

Un tableau rond en esmail, sur lequel est representé l'empereur Neron, garny de sa bordure d'esmail, en partie doré, iiii livres.

Un autre tableau sans bordure peint sur bois sur lequel est representé un prestre disant la messe dans un bois, xxx s.

Un autre tableau peint sur bois sur lequel est represente le sieur d'Interville, xxx s.

Un miroir d'acié garny de sa bordure de bois a l'antieque, au devant duquel est un petit tableau peint sur bois representant Palas, iii livres.

Un tableau en octogonnes sur lequel est representé en relief un enfant avec une teste de mort de marbre blanc, lx solz.

Une vierge de marbre tenant son Jesus, posee sur son pied d'estail, vi livres.

Un autre tableau peint sur bois sur lequel est representé une Nativité de Nostre Seigneur, garny de sa bordure de boys en fillets dorez (donné a monseigneur l'archevesque de Paris), xv livres.

Un petit tabernacle d'ivoir dans lequel sont representez cinq figures de devotion, xxx s.

Un petit tabernacle de bois desbeine ouvrant a deux petits vollets representant une vierge, prisé xxx s.

Un tabernacle d'esbeine garny de plusieurs figures d'argent et vermeil doré, faconné, sur le hault duquel est un petit tabernacle d'argent macif doré, au milieu duquel est une vierge tenant Nostre-Seigneur et plusieurs autres figures d'argent vermeil doré, ledit tabernacle en facon d'eglise, garny de son estuy de cuir noir, prisé la somme de iiii^xx xvi ℔.

Un petit coffre en forme de bahud, de cuivre doré à une serrure, fermant a clef, autour duquel sont deux petits tableaux d'esmail dont les figures representent l'apocalipse, xx livres.

Un petit tabernacle de vermeil doré, d'un costé est Nostre Seigneur en croix et de l'autre la Vierge et autres figures dont les dessus sont d'esmail, garny de son estuy de cuir, prisé xxx livres.

Un reliquaire d'argent doré enrichy de petites perles fines et autres bijoux dans lequel est une vierge de patte (sic), au pied de laquelle est un petit reliquaire, garny de son estuy de veau rouge, xl livres.

Un petit tableau d'argent doré, au millieu duquel est une vierge d'or esmaillé, dont la bordure est garnye de petites perles fines, attachee d'une chaisne d'or et d'argent, au bout de laquelle est une petite boulle d'agatte, x livres.

Une chasse de cristail de cuivre doré, garny de petites perles fines, dans laquelle chasse est une autre petite, aussy de cristail et cuivre doré, au dessus de laquelle est une petite croix enfermé dans un coffre fermant a clef, couvert de cuivre noir, xx livres.

Une corbeille d'argent faconné, xxx ℔.

Un missel couvert de velours cramoisy, a deux fermoirs d'argent macif, garny de cinq plaques d'argent de chacun costé, sur lesquels couvercles sont representez, au milieu de chacun costé, Nostre Seigneur et la Vierge, et aux quatre coings sont les quatre pères de l'église, d'argent, xxx ℔.

Un petit escran de cuivre rouge garny de fleurs de lys ou est representé le portraict de monsieur le Chancelier deffunct, xxx s.

Un jaspe a arrester le sang, x s.

Une bourse dans laquelle y a une boiste de cuivre doré dans laquelle sont trois agastes, l'une representant sainct Charles, l'autre sainct Estienne et l'autre un Dieu de Pitié, I ^{tt}.

Une cuvette de topase d'Allemagne, avec son pied, vi livres.

Deux petits tableaux d'esmail, sur le premier desquels est représenté Francois Ier, garny de sa bordure dorée et sur le second est représenté Jeanne d'Albret (*donné à monseigneur le Dauphin*), xx livres.

Deux petites statues d'ivoires qui sont Nostre Seigneur et sainct Jean tenant une croix sur un pied d'estail, vi ^{tt}.

Deux petites figures d'ivoires representant Venus avec son amour enfermez dans une boiste de sapin, xx s.

Deux racines de mandragore malle et femelle, enfermez dans une boiste de cuir, iii ^{tt}

Un petit tableau en relief représentant Francois Ier sur buy, v s.

Un autre petit tableau rond sur lequel est représenté Henry II en cire, x s.

Item un Christ, la Vierge et sainct Jean d'ivoirs enfermez dans une boiste de bois blanc, xxx livres.

Une boiste de la Chine en exagone, dans laquelle sont sept petites boistes rondes aussy de la Chine, garnies de leurs couvercles, vi livres.

Un jaspe en forme de ciboire, avec sa boiste, le tout d'argent vermeil doré, xxx livres.

Un petit cassolet d'argent doré avec son petit chaudron d'argent, xxx liv.

Une coquille de mer garnie de deux figures des deux costez d'homme et de femme, et au dessus d'une teste de lyon d'argent doré, xii ^{tt}.

Deux bustes de marbre representant deux empereurs, vi ^{tt}.

Une boiste d'ivoire gravé en relief sur laquelle est représenté Nostre Seigneur en croix, entre deux larons, dans laquelle boiste s'est trouvé unze pièces, la premiere est une petite boiste d'or emaillé garny de rubis ou est le portait de M. de Guise, la seconde une teste de grena representant la face du Roy deffunct, la troisiesme Henry quatre garny d'un cercle d'or, la quatriesme est une coquille representant l'adoration du veau d'or en relief, garny d'un petit cercle d'argent doré, la cinquiesme une teste de mort dans laquelle sont representez Nostre Seigneur en croix d'un costé et une descente de croix de l'autre, garnie d'or, la sixiesme une medaille de cristail de roche ovalle, sur laquelle est representée la Vierge tenant Nostre Seigneur avec autres figures, la septiesme est un reliquaire d'esbeine garny de cristaux et les quatre autres pieces sont medailles d'argent, ladicte boiste d'ivoire enfermé d'un estuy, prisé le tout ensemble la somme de xii ^{tt}.

Un petit tableau de coquille, relevé en bosse, gravé,

sur laquelle est représenté l'adoration des Roys, garny de sa bordure et couvercle d'argent vermeil doré, viii ^{tt}.

Un soleil servant pour Saint Sacrement, d'argent vermeil doré, monté sur son pied d'agatte, garny de perles et autres pierres et figures d'argent doré, iiii^{xx} ^{tt}.

Une bourse en broderie dans laquelle s'est trouvé cent jettons d'argent (ès mains de M. Perreau), iiii^{xx} ^{tt}.

Une autre bourse de velours vert dans laquelle s'est trouvé cent quatre vingts deux jettons d'argent (ès mains de M. Perreau), vi^{xx} ^{tt}.

Une autre bourse de velours vert, garnie de ses pendans, dans laquelle se sont trouvé deux cens cinq jettons d'argent (demeuré à M. Perreau), cl ^{tt}.

Item une autre bourse de velours rouge dans laquelle se sont trouvé deux cens quarente jettons d'argent (délivrce a M. Perreau), cl ^{tt}.

Un livre in-quarto dans lequel sont les portraicts de François Ier et les dames de Milan (*donné a Sa Majesté*), lx ^{tt}.

Un autre livre couvert de chagrin fleur de lizé, les feuilletz de velin, qui est les eslancemens du *poitre* crestien avec plusieurs figures de mignature, x ^{tt}.

Une montre d'or esmaillé a fond bleu, enrichy de petits diamans, cinquante livres.

Une bague d'or emaillee, dans laquelle est enchassé un diamant en lozange carré, lx ^{tt}.

Reçu de Colbert.

22 janv. 1676.

Nous Jean Baptiste Colbert, chevalier, marquis de Seignelay, secretaire d'Estat et des commandemens de Sa Majesté, recognoissons que Messieurs les administrateurs de l'Hostel Dieu de Paris, executeurs du testament et codicilles, et legataires universels du feu sieur Balesdens nous ont faict deslivrer, par les sieurs Perreau de la Charnoye, l'un desdicts administrateurs, et De la Mare, advocat en Parlement, aussy executeur dudict testament, les quatre manuscripts qui nous ont esté leguez par ledict deffunct, par son codicille du xxve jour d'octobre, plus tous les autres manuscrits contenus en l'inventaire et prisee qui en a este faicte, a nous pareillement leguez par ledict deffunct, avec le petit tableau y mentionné, dont nous quittons et deschargeons lesdicts sieurs administrateurs, executeurs testamentaires susdicts et tous aultres, desquels manuscripts nous avons faict paier le pris es mains du s^r Levesque, receveur general dudict Hostel Dieu, suivant le resultat desdits sieurs administrateurs, du viiie du present mois.

Faict a Paris le xxiie jour de janvier mil six cens soixante seize.

Signé : COLBERT.

Reçu autographe de Mézeray.

19 juillet 1676.

Je soubssigné, secretaire perpetuel de l'Académie françoise et en ayant charge de recevoir le legs a elle faict par feu monsieur de Balesdens, confesse avoir receu de monsieur de la Mare, l'un des executeurs testamentaires dudit feu monsieur de Balesdens deux tableaux, l'un grand, sans bordure, representant Apollon et le Mont Parnasse, l'autre plus petit, avec une bordure dorée, representant la sainte Vierge, dont je le quitte et descharge.

Fait ce dixneuviesme juillet mil six cens soixante seize,   Signé : MEZERAY.

———

Reçu autographe de l'abbé Cotin.

28 avril 1676.

J'ay receu de monsieur de la Mare, l'un des executeurs du testament de monsieur Balesdens, l'anneau ou est la figure de Platon, laquelle figure il m'avoit laissée par testament.

Signé : L'abbé COTIN.

———

Reçu autographe de François Charpentier,
de l'Académie française.

Je soubsigné, de l'Académie française, reconnais avoir receu de monsieur Perreau, executeur du testament de feu M. Balesdens, par les mains du sieur Romieu, une bague qui m'a esté léguée par ledict sieur de Balesdens, dont je quitte ledict sieur Perreau. Fait le 20 avril 1676.

Signé : CHARPENTIER.

———

LEGS UNIVERSEL BALLESDENS.

1672.

Testament de Jean Ballesdens
                              16 avril 1672.

Par devant les notaires, gardenotes du Roy au Chastelet de Paris soubsignez, fut present en sa personne messire Jehan Ballesdens, prestre, conseiller aumônier ordinaire du Roy, protonotaire du Saint Siège apostoliques, demeurant à Paris dans le college de Chollets, parroisse Saint Estienne du Mont, estant par la grâce de Dieu en bonne santé de corps et d'esprit, allant et venant pour ses affaires, pour s'estre presentement transporté en l'estude de Quarré, l'un des notaires sousignez ou son collegue a esté exprez pour ce mandé, pour faire et passer ce qui en suit, lequel a fait son testament et ordonnance de dernière volonté qu'il a dicté et nommé, de mot apres autres ausditz notaires soubsignez et qu'il a commencé par cette prière à Dieu, *non intres in judicium cum servo tuo, Domine, quia in conspectu tuo non justificabitur omnis vivens*, et ensuite considérant qu'il n'y a rien de plus certain que la mort, ny rien de plus incertain que son heure, prie Dieu qu'il puisse profiter de cette pensée qu'il luy plaist luy inspirer de son néant, dans l'infirmité ou il est, et qu'en osant lappeller son pere et son createur, il le conjure par luy mesme qui n'a pas daigné de se revestir de la forme d'un serviteur pour nous racheter de l'enfer, d'avoir pitié de son ouvrage, se sentant, pecheur horrible qu'il est, indigne du pardon qu'il luy demande la face contre terre, et que sa miséricorde qui est au dessus de toutes ses œuvres et infiniment plus grande que ses iniquités, luy donne lieu d'espérer puisqu'il est mort pour tous, le suppliant de ne permettre pas que son precieux sang oyt esté repandu inutillement pour luy en l'arbre de la croix, et qu'il souffre qu'il se mesle aujourd'huy et tous les jours de sa vie qu'il luy plaira de luy en laisser l'usage avec l'eau de ses larmes, affin que, lavé de ses souilleurs et purifié par les flammes du purgatoire il soit jugé digne, par

un pur effect de la bonté infinie de Dieu, de paroistre avec les bienheureux anges devant le trosne de la divine Majesté, protestant qu'il croit en Dieu et en tout ce que l'eglise son epouze nous oblige de croire, le suppliant d'excuser l'infirmité de sa chair qui l'a sollicité sy souvent de desobeir à ses loix divines, dont il se repent de tout son cœur.....

Veut et entend ledit sieur testateur sy, lorsqu'il plaira à Dieu le retirer de ce monde, il meurt sur la parroisse de Saint Estienne, estre enterré dans l'eglise de Sainte Genevieve, que s'il demeuroit en l'abbaye de Saint Victor, son corps y demeurera aussy, après en avoir, en quelqu'endroit qu'il decedde, tiré son cœur qu'il veut et entend estre porté à Noyon pour estre enterré en l'eglise catédralle, en tel endroit qu'il plaira à messieurs du chapitre de ladite eglise, pour laquelle il a toujours eu une singulière devotion et désire qu'il soit mis à l'endroit où sera inhumé son corps l'épitaphe suivante :

« *Hic seminatum est in corruptione corpus Joannis Ballesdens, presbiteri, inter primos peccatoris, donec infinita dei clementia, virginis matris, sanctorumque omnium meritis ac precibus in incorruptione et gloriâ resurgat. Amen.* »

Serò obiit qui cum baptismo mori debuerat.

Et qu'à l'endroit où son cœur sera posé il soit mis ces mots :

Cor contritum et humiliatum Deus ne despicias.

Et à l'égard du surplus de ses obseques, funérailles, service et prières, il s'en remet et raporte à la volonté et discrétion des sieurs executeurs du présent testament cy apres nommez, que sy ledit sieur testateur est enterré en l'église de l'abbaye de Sainte Geneviève, il donne et lègue à ladite abbaye trois manuscriptz enluminez réliez en velours en langue françoise, et au reverend père Du Moulinet une couppe antique où sont des caracteres arabes, avec un caillou où sont des lettres hébraïques, item ledit sieur testateur suplie sa Majesté d'agréer pour le cabinet de ses livres un manuscript grec d'OElian, enluminé, qui traite de la guerre, et un autre livre qui fut présenté au Roy François Ier lors de son entrée en la ville de Milan, qui contient les portraitz enluminez de toutes les dames illustres de ce temps là.

Item ledit sieur testateur donne et lègue à l'abbaye de Saint-Victor son canon de messe de Saint Grégoire, avec les concordances des quatre evangélistes, tous deux enluminez gottiquement, ce qui marque aussi bien que leur escriture une antiquité vénérable, lesquelles deux pièces ledit sieur testateur a tousjours estimé les plus rares et les plus curieuses de son cabinet, et mesme du royaume, ce qui l'a obligé de les remettre dans une des plus fameuses bibliotèques du monde, et qui est ouverte à la curiosité des habiles gens.

Plus donne et lègue à ladite abbaye un abbrégé de *Natalis in evangelia* imprimé sur papier de soye en la Chine, se recommandant aux prieres de ladite maison et particulièrement à celles du père Gourdan son cousin, *qu'il estime un petit Samuel* [1].

Item le dit sieur testateur donne et lègue à la confrerie de Sainct Charles, fondée dans l'eglise de Saint Jacque de la Boucherie, une agathe merveilleuse qui represente le portrait de ce saint et charitable cardinal, et la somme de trente livres pour la mettre en estat d'estre appliquee au precieux reliquaire de cet illustre prelat, soubz cette condition d'avoir part aux charitables prieres de cette compagnie.

Item ledit sieur testateur donne et lègue aux filles de la Passion, dit du Calvaire près Luxembourg, une agathe qui représente naturellement nostre seigneur Jesus Crist flagellé. Elles obligeront ledit sieur testateur de la faire enchasser au pied du crucifix pour estre baisé le jour du vendredy saint, et pour en faire la despence et estre participant à leurs prieres, ledit sieur testateur donne et lègue la somme de trente livres.

Item ledit sieur testateur donne et lègue à l'Hostel Dieu de cette ville de Paris la somme de cent livres pour une fois payer.

Item donne et lègue aux monastères des filles de l'Ave Maria et des filles pénitentes à chacun la somme de cinquante livres pour une fois payer.

Item donne et lègue aux pauvres de la ville de Saint Paul de Fenouilled, soit prestres ou austres, la somme de trente livres pour une fois payer.

Item ledit testateur donne et lègue à messieurs du chapitre de l'église catédralle de Nantes, dont il a l'honneur d'éstre chanoine honoraire, la somme de mil livres qui sera employée en la fondation d'un obit à perpé-

tuité, qui se nommera l'obit de la résidence, suppliant très humblement messieurs ses confrères de luy pardonner le mauvais exemple qu'il leur a donné par sa trop longue et trop criminelle absence, de laquelle fondation sera passé contract par les dits sieurs executeurs du présent testament avec lesdits sieurs dudit chapitre.

Item ledit sieur testateur donne et lègue pareille somme de mil livres à messieurs du chapitre de l'eglise catédralle de Noyon, qui sera employee aussy en la fondation d'un obit à perpétuité dont sera pareillement passé contract, et outre ledit sieur testateur donne et lègue à la dite eglise catédralle de Noyon, la figure d'une vierge Marie faite du mesme tronçon de bois de la nostre dame de Foy qui attire dans le couvent des Augustins de la ville d'Amiens la devotion de toute la France, laquelle il veut et entend estre posée dans la chapelle de monsieur le Doyen de la Haye le plus honnestement que faire ce pourra, pour estre exposée dans un petit tabernacle à la veüe de tout le monde, et pour les frais dudit tabernacle, donne et lègue la somme de soixante livres; cette figure de la Vierge est un présent que ledit sieur testateur estime au dessus de tous ceux qu'on peut fairé à cette église et à la ville de Noyon, pour des considérations que Dieu scait et qui produiront dans leur temps un grand effect, ayant prouvé en son particulier qu'elle estoit miraculeuse et qu'elle demandoit un lieu digne d'elle, comme est la catédralle de Noyon, où elle est singulièrement honorée, elle est dans une cassette de cuir noir, enfermée dans un petit sac de senteur, que ledit sieur testateur veut estre dellivrée en mesme temps.

Item ledit sieur testateur donne et lègue à messieurs du chapitre de l'esglise catedralle d'Amiens pareille somme de mil livres pour estre aussi employée en la fondation d'un obit à perpétuité en ladite eglise, dont sera passé contract.

Item ledit sieur testateur donne et lègue à chacun des séminaires de la ville de Noyon et d'Amiens la somme de cent livres pour une fois payer.

Item ledit sieur testateur donne et lègue à l'église Saint Firmin le confesseur, soubz nostre dame de la ville d'Amiens, la somme de deux cent livres qui sera employée en une fondation telle que les dits sieurs executeurs et messieurs de la confrerie de Saint Joseph, que son frère a establie en ladite eglise, le jugeront à propos, dont sera passé contract entre eux.

Item ledit sieur testateur donne et lègue à la parroisse du village de Nantes la somme de cent livres que les marguilliers employeront en fond pour une petite fondation en ladite eglise, à l'intention dudit sieur testateur et dont maistre Robert Ballesdens, prestre, chanoine en l'esglise d'Amiens son cousin, prendra le soin s'il luy plaist.

---

[1] Simon Gourdan, chanoine régulier de l'abbaye de Saint-Victor de Paris, célèbre au XVIIe siècle par sa piété, mort en 1729; auteur d'une histoire des hommes illustres de Saint-Victor.

Item ledit sieur testateur donne et lègue à l'église de Sainct Germain près Alluye, au diocèse de Chartre, la somme de cinquante livres qui seront employez en un soleil d'argent doré pour enfermer le précieux corps de Jésus Crist, et trente livres qui seront distribuez aux pauvres dudit lieu dont ledit sieur testateur est prieur.

Item ledit sieur testateur donne et lègue à dame Claude de Paris, sa cousine, vefve de maistre Germain Doucet, procureur au Chastellet, la somme de douze cent livres, à ses trois filles à chacune deux cens livres et à ses trois garçons à chacun cent cinquante livres, le tout pour une fois payer, et en cas que ladite dame Doucet vint à mourir auparavant ledit sieur testateur, il veut et entend que ladite somme de douze cents livres appartienne scavoir à chacune desdites filles trois cens livres, qui est pour les trois, neuf cent livres, et ausdits trois garçons cent livres chacun et ce outre leurs legs particuliers cy dessus.

Item ledit sieur testateur veut et ordonne qu'il soit mis entre les mains dudit sieur Robert Ballesdens, son cousin, par les dits sieurs ses executeurs testamentaires, la somme de douze cens livres, de laquelle il le prie d'en donner à son neveu le prestre la somme de soixante livres, pour dire pendant la première année du deceds dudit testateur trois messes basses de requiem par chacune semaine à son intention, et pour le repos de son âme.

Plus à ses deux nièces Martine et Marie à chacune cinquante livres, et pour le surplus de ladite somme de douze cent livres le prie de la vouloir distribuer aux cousins germains paternels dudit sieur testateur, et à ses autres pauvres parens qui ont esté affligez des fleaux de la peste et de la guerre, ainsy que ledit sieur Ballesdens le jugera le plus à propos, et sans qu'il soit tenu cy après d'en rendre aucun compte.

Item ledit sieur testateur donne et lègue à messieurs de l'Académie francoise, dont il a l'honneur d'estre du nombre, les œuvres de Ciceron, Demosthène, un Quintilien, Isocrate et les autres livres qui regarderont la rhétorique et la pœsie, avec ses dictionnaires en toutes langues.

Item ledit sieur testateur prie lesdits sieurs ses executeurs testamentaires de dellivrer à monsieur Le Petit, libraire de l'Académie, la somme de vingt deux livres pour faire dire un service pour luy, en qualité d'académicien, en l'esglise des révérends pères Billettes, et distribuera à messieurs ses confrères qui y assisteront à chacun une livre de bougie blanche, pour lesquelles bougies les dits sieurs executeurs luy payeront aussy ce qu'il conviendra.

Item ledit sieur testateur donne et lègue à messieurs De la Marre, ses cousins, avocatz en Parlement, à chacun la somme de deux cent livres, pour une fois payer, avec l'année qui courra lors de son deceds de trois cens livres de rente viagère qu'ils luy doivent par chacun an, en cas qu'ils ne luy ayent payé.

Item ledit sieur testateur donne et lègue à madame d'Aumalle sa filleule et à sa fille, qu'il a tenue avec madame la duchesse d'Angoulesme, chacune une bague de cinquante livres.

Item ledit sieur testateur donne à madame Cresnay une bague de soixante livres.

Item ledit sieur testateur donne et lègue à chacun de ses filleuls et filleules la somme de cinquante livres pour une fois payer; et à l'égard de Madelaine Gaillard, elle n'est point filleulle dudit sieur testateur, comme on luy avoit persuadé, c'est pour quoy il révoque un billet de cinq cent livres qu'il luy avoit donné estant malade à l'hostel Séguier, *pour contribuer à la faire religieuse, s'estant au contraire mariée avec un huguenot dont elle se dit veuve.* Néanmoins ledit sieur testateur luy donne ce que luy doit son père de ladite Madeleine Gaillard, par plusieurs promesses qu'il veut luy estre rendues pour s'en faire payer, ainsi qu'elle pourra, et outre luy donne la somme de cinquante livres pour une fois payer.

Item ledit sieur testateur a déclaré qu'il confirme la donnation entre vifs par luy faite à Louis Romieu, son homme, de la somme de quinze cents livres à prendre après son deceds sur tous ses biens.

Item ledit sieur testateur veut et entend que tous ses tableaux et autres curiositez de cabinet, et mesme ses livres soient vendus pour acquicter tous les legs cy dessus, à la réserve toutefois de ce que ledit sieur testateur pourra cy après donner à ses amis par un codicille séparé des présentes, ou par un mémoire qui sera escrit de la main de Louis Romieu, demeurant avec luy, et signé dudit sieur testateur. Ne désirant ledit sieur testateur qu'il soit fait après son deceds aucun inventaire, soit de ses meubles, curiositez ou papiers, par ce que tous ses papiers sont inutils et de nulle valeur, n'ayant jamais fait d'acquisition, et n'ayant jamais esté en estat d'en faire, quelque service qu'il ayt rendu aux grands du monde; que sy ledit sieur testateur meure sans faire imprimer quelques escrits dont il a les privileges, les dits sieurs ses executeurs du présent testament en conféreront avec quelques uns de ses amis pour les supprimer ou pour les produire; désirant que messieurs Henry et Du Cresnay qu'il honore soient de ceux là.

Et si aucuns des héritiers dudit testateur voudroient cy après contester aucunes dispositions dudit sieur testateur ou son présent testament et codicille qu'il pourra cy après faire, et mesme provoquer aucun inventaire après son deceds, en ce cas ledit sieur testateur revoque les legs qu'il pourroit leur avoir faits, et la part et portion qu'ils pourroient amander en sa succession, veut et entend que le tout demeure et appartienne à l'hospital général de cette ville, qu'il substitue audit cas ausdits legs et à la dite portion héréditaire, et pour executer et accomplir le présent testament, ensemble le codicille ou memoire que ledit sieur testateur pourra faire cy apres, il nomme et élit messieurs de Richaumont et Collard ses amis, avocats au Parlement, qu'il prie conjoinctement, ou l'un en cas de mort ou absence de l'autre, d'en prendre la peine, les priant de voulloir accepter chacun un bijou de dix louis d'or à leurs choix, soit livres, tableaux ou autres curiosités dudit sieur testateur, se dessaisissant en leurs mains de tous ses biens, voullant qu'ilz en soient saisis suivant la coustume,. revoquant tous autres testamens et codicilles qu'il pourroit avoir faits auparavant celluy cy, auquel seul il s'arreste comme estant son intention et dernière volonté.

Ce fut ainsy fait, dicté et nommé par ledit sieur testateur ausdits notaires soubsignez et à luy par l'un d'iceux, l'autre présent, leu et releu, qu'il a dit avoir bien et au long entendu et y a percisté en l'étude dudit Quarré, l'un des dits notaires soubzsignez. L'an mil six cent soixante douze, le seiziesme jour d'avril apres midy et a signé la minutte des présentes demeurée audit Quarré notaire.

(Signé Lechanteur-Quarré.)

Codicilles.

19 août-25 octobre 1675.

Aujourd'huy, à la réquisition de messire Jean Ballesdens, prestre, conseiller aumosnier ordinaire du Roy, protonotaire du Sainct Siège apostolicque, demeurant à Paris dans le collège des Cholletz, paroisse Saint Estienne du Mont, les conseillers du Roy, notaires, garde nottes de Sa Majesté en son Chastellet de Paris soussignez, se sont transportez en l'apartement dudict sieur Balesdens, en une chambre au premier estage dependant du corps de logis neuf, et ayant veüe sur la cour dudit college, où ils ont trouvé ledict sieur Ballesdens indisposé de son corps, assis dans son fauteuil près sa table, toutes fois sain d'esprit, mémoire et entendement comme il est aparu ausdits notaires soussignez par ses paroles et actions, ausquels ledit sieur Ballesdens auroit faict entendre qu'il a faict son testament et ordonnance de dernière vollonté receu par les notaires soussignez le seiziesme avril xvi° lxxii, dont lecture luy a esté presentement faite, duquel désirant changer quelques dispositions et en ajouter d'autres, il a par forme de codicille à son dit testament dicté et nommé ausdits notaires ce qui en suit :

Premièrement, à cause qu'il decedde dans ledit college des Cholletz où il est à present demeurant prie messieurs dudit college de faire dire et celebrer en leur chappelle un service à l'ordinaire, à l'intention et pour le repos de son ame, pourquoy veut et ordonne qu'il soit distribué à chascun de messieurs les grands boursiers qui y assisteront trente solz et aux petits dix solz, en outre donne et lègue à ladicte chapelle un tableau à deux guichetz representans un dieu de Pitié.

Item revoque le legs par luy fait à l'abbaye de Sainct Victor d'un canon de messe de Sainct Gregoire, avec les concordances des quatre evangelistes.

Item revoque le legs par luy fait aux pauvres de la ville de Sainct Paul de Fenouillet de la somme de trente livres.

Item ledit sieur de Ballesdens revoque le legs par luy faict à messieurs de l'Académie françoise ses confrères de plusieurs livres, attendu que le Roy a eu la bonté de gratiffier la bibliothèque de l'Académie des mesmes livres, au lieu desquels il donne et lègue à mes dictz sieurs de l'Académie deux tableaux, l'un de la Vierge où l'on fera mettre cette devise : « *Eloquia domini, Eloquia casta, argentum igne examinatum probatum terræ, purgatum septuplum* », et l'autre l'hommage que toutte la nature rend au soleil sous le visage du Roy avec cette inscription : « *Et nunc magna mei per terras ibit imago* » et au dessous : « *quæ regio in terris nostri non plena laboris* », avec une tasse de vermeil doré et cizelé sur laquelle est gravé Orphee.

Item ledit sieur testateur veult et ordonne qu'il soit mis entre les mains de maistre Robert Ballesdens, prestre, chanoine en l'eglise d'Amiens, son cousin, la somme de six cens livres, outre les douze cens livres portez par son dict testament, pour estre le tout distribué par ledict sieur Ballesdens, son cousin, à ses pauvres parens, suivant et conformément à son dit testament.

Et outre donne et lègue audict sieur Ballesdens son oremus avec ses deux surplis et une aube.

Item ledit sieur testateur donne et lègue à messieurs de Lamarre, avocats en Parlement, ses cousins, la somme de cinq cens livres chacun pour une fois payer, avec une bource de jettons d'argent de l'Académie aussy chacun, revoquant le legs par luy faict par son dict testament.

Item ledit sieur testateur revoque le legs de cinquante livres faict à chacun de ses filleuls et filleule porté par son dict testament.

Item ledict sieur Ballesdens déclare que par son dict testament il a donné et légué à l'église cathédralle de Noyon la somme de mil livres pour la fondation d'un service annuel à pertéluité, au lieu de laquelle somme de mil livres ledit sieur Ballesdens donne et lègue à ladite eglize cathédralle de Noyon sa chapelle d'argent, composée d'une croix, six chandelliers, une boitte d'hostie et une sonnette, le tout d'argent, à condition que messieurs du chapitre de ladite eglize de Noyon, outre ledit service, feront encore cellebrer en leur eglize l'office de l'ange gardien par chacun an à perpétuitté et le jour que bon leurs semblera, et ou messieurs de Noyon ne voudroient l'accepter, ledit sieur Ballesdens, donne et legue ladite chapelle d'argent et choses en dependantes, cy dessus exprimées, à messieurs du chapitre d'Amiens, tant pour l'acquit de pareille somme de mil livres qu'il leur a donné par son dit testament pour un service, que pour la fondation dudict office de l'ange gardien.

Item ledit sieur Ballesdens suplie monseigneur le Dauphin de voulloir accepter deux portraictz en émaille, l'un de François Ier qui est en quarré et l'autre de Jeanne d'Albret mère de Henry 4e qui est en rond.

Item suplie pareillement monseigneur l'archevesque d'accepter un petit tableau de la nativité de Jésus par Albert.

Item ledit sieur testateur donne et lègue à monsieur Rougeau, conseiller en la Cour, deux volumes grecs reliez à l'antique et antiquez sur la tranche.

Item donne et lègue au reverend père Du Molinet une main de cuivre des Egiptiens et des manuscritz latins dont il a donné connaissance à Louis Romieu, son homme de chambre.

Item le dict sieur testateur donne et lègue à monsieur Huet, sous precepteur de monseigneur le Dauphin, quatre tableaux, scavoir deux qui representent quatre célèbres philosophes et les deux autres Erasme et Forbert (Froben).

Item donne et lègue à monsieur Sorreau, le plus ancien de ses amis, un Isocrate in-folio et un Quintilien in-quarto en maroquin de levant.

Item ledict sieur testateur donne et lègue à monsieur de *Mézeray*, son ancien et fidel ami, une bague d'or où est représenté dans une cornaline le portraict du roy Henry quatriesme et sa canne où sont les armes et les alliances de la maison de France.

Item donne et lègue à monsieur l'abbé *Cottin* une bague antique qui représente Platon.

Item donne et lègue à monsieur *Quinault* une bague où sont deux testes de relief d'agathe.

Item donne et lègue à monsieur *Benserade* une bague où est le portraict de feu monsieur le Chancelier.

Item donne et lègue à monsieur *Charpentier*, de l'Académie, une bague où il y a deux yeux d'agathe.

Item donne et lègue à monsieur *Perrault*, de l'Accadémie une bague où est le portraict de la feüe reine mère Marie de Médicis.

Item ledit sieur testateur donne et lègue à messieurs du chapitre de Noyon un grand tableau representant saint Paul, qui est sur sa cheminée.

Item donne et lègue à messieurs du chapitre d'Amiens son tableau de la décolation Saint Jean, pour estre mis dans la nouvelle chapelle qu'on doibt bastir.

Item donne et lègue à messieurs du chapitre de Sainct Estienne des Grés, pour avoir part aux prières qu'ils font pour ceux qui ont contribué à l'embellissement de leur eglize, deux tableaux d'Italie représentant un regard d'un dieu et d'une vierge.

Item donne et lègue à l'eglise Saint Estienne du Mont une agathe représentant Saint Estienne lapidé, et trente livres pour la faire apliquer au reliquaire de ce sainct.

Item donne et lègue audict R. P. du Molinet, pour sa communauté, une chasse antique émaillée où l'on mettra une relique prétieuse et considérable des Saincts Stilitains, dont les corps reposent aux Célestins de Mante, touttes lesquelles choses ledict Romieu, son homme, connoist et les fera connoistre à messieurs ses exécuteurs testamentaires.

Item ledit sieur testateur donne et lègue aux filles de la Croix, de Brie Comte Robert, la somme de cinquante livres pour une fois payer, et suplie monsieur Gillot leur supérieur qu'il a tousjours honoré singulièrement de le bien recommander à leurs prières.

Item donne et lègue aux escoliers de l'hostel d'Albiac pareille somme de cinquante livres pour une fois payer.

Item ledit sieur testateur donne et lègue pareille somme de cinquante livres une fois payer à l'eglize paroissiale de Saint Estienne de Brie Comte Robert, et aux minimes dudit lieu pareille somme.

Item donne et lègue à monsieur Garnault, son cousin, un bijou de douze pistolles.

Item donne et lègue à maistre Estienne Ballesdens, son cousin, greffier en l'eslection et grenier à sel de Dourlans, la somme de cent livres pour une fois payer.

Item ledit sieur testateur donne et lègue à J. Jacques Chemideau, son filleul, la somme de deux cens livres pour achepter des livres.

Item ledit sieur testateur donne et lègue à mademoiselle Musset une bague de valleur de cinquante livres.

Item ledict sieur testateur déclare qu'il a proposé aux révérends pères de l'abbaye de Sainte Genevieve au Mont à Paris, *de leur vendre tous ses livres moyennant la somme de dix mil livres* et en cas que ledit marché ne fust conclud de son vivant, ledit sieur testateur veult et entend que si lesditz reverends pères voulloient après son trespas prendre les dicts livres pour la dicte somme, qu'ilz leurs soient baillez et deslivrez moyennant ladicte somme de dix mil livres payable en trois payemens égaux, d'année en année, entre les mains de messieurs ses executeurs testamentaires, ce que les dictz reverends pères seront tenus d'opter quinze jours apres le decès dudict sieur testateur, ses livres non compris dans les dictz livres de mignatures et ses manuscritz sur vellain.

Item ledict sieur testateur donne et lègue au grand

couvent des Jacobins de la rue Sainct Jacques la somme de cinquante livres pour une fois payer.

Item donne et lègue à monsieur *Desmaretz*, de l'Académie française, une bague d'or où est enchassee une teste d'agathe coloree.

Et pour executer le susdict testament et present codicille ledict sieur Ballesdens a nommé et esleu messieurs Henry et Delamarre le jeune, son cousin, avocats, révoquant l'eslection qu'il avoit fait de messieurs de Richaumont et Collard par son dict testament, ausquels sieurs Henry et De la Marre il donne et legue scavoir audict sieur Henry une bourse de jettons d'argent et audict sieur De la Marre un diamant de douze pistolles, se dessaisissant en leurs mains de tous ses biens, ce que dessus dicté et nommé par ledict sieur Ballesdens aus dicts notaires soussignez et à luy par l'un d'iceulx, l'autre présent leu et releu, qu'il a dict bien entendre et y a persisté en ladicte chambre devant declaree, l'an mil six cens soixante quinze le dix neufiesme jour d'aoust sur les quatre heures de rellevee, et a déclaré ne pouvoir quant à present escrire ny signer accause de la paralisie qu'il a au bras droict, de ce faire interpellé, suivant l'ordonnance la minutte des presentes est demeurée à Quarré, notaire.

(Signé Lechanteur-Quarré.)

Aujourd'huy au mandement et requisition de messire Jehan Balesdain, prestre conseiller, aulmonier ordinaire du Roy, demeurant dans le college des Cholets, parroisse Saint Estienne du Mont, les notaires, gardenottes du Roy au Chastelet de Paris, soubsignez, se sont transportez audit college, où ils l'auroient trouvé au lict malade de corps, sain d'esprit, mémoire et entendement, en une premiere chambre d'un corps de logis sur le derriere dudit college, ayant veue sur la court et jardins d'icelluy, lequel a, par forme de codicille, déclaré, dicté et nommé ausdits notaires ce qui en suit, scavoir qu'il revocque la nomination qu'il a faicte pour l'exécution de son testament et codicille qu'il a cy devant faicts, de la personne de monsieur Henry, advocat en Parlement, l'un des deux executeurs nommez audit testament, et en son lieu et place a nommé la personne de monsieur Perreau, l'un de messieurs les administrateurs de l'Hostel Dieu de Paris, qu'il prie d'avoir le soing de ladite execution, auquel il donne une bource de jettons d'argent de valleur de quatre vingt dix livres, se remettant pour icelle entierement à la conduitte tant dudit sieur Perreau que de messieurs les autres administrateurs dudit Hostel Dieu.

Donne et legue aux Jacobins de la rue Sainct Jacques la somme de cinquante livres une fois payez, à la charge de dire pour ledict sieur Balesdan une fois un obit en ladicte eglise, le plus tost que faire ce pourra apres son deceds.

Item donne et lègue à monsieur Darnault son cousin, le sieur Horry, notaire apostolique et à Jean Louis Romieu son domesticque, les sommes de deniers qui luy sont deubz par le nommé Soudan, son fermier de sa chapelle de Saint Denis de Brie Comte Robert, pour en disposer chacun par tiers oultre les quinze cens livres qu'il a cy devant donnez audit Romieu son domesticque par donation entre vifs.

Item revocque les legs qu'il a faicts à ses cousins de la Marre, attendu qu'il y a satisfaict, ce fut ainsy faict dicté et nommé par ledict sieur Balesdan ausditz notaires soubsignez, l'an mil six cens soixante quinze le vingt troisiesme jour d'octobre sur les six à sept heures du soir, et a déclaré ne pouvoir quant à present escrire ne signer à cause d'un paralizie qu'il a.

Le vingt quatriesme des ditz mois et an, au mandement dudit sieur Balesdens, les notaires soubsignez se seroient transportez en sa demeure audit college des Cholets ou ils l'auroient trouvé gisant au lict, malade de corps, touttes fois sain d'esprit, mémoire et entendement, ainsy qu'il seroit aparu ausdits notaires, lequel a encores par forme de codicille déclaré, dicté et nommé ausdits notaires qu'outre la bource de jettons par luy leguee audit sieur Perreau, il luy en legue encores une autre bource de jettons d'argent qui sont deux, qu'il veult estre de cent livres chacune.

Qu'il revocque le legs faict au père Moulinet par un codicille, y ayant satisfaict.

Et quand au résidu de tous ses biens apres ses testament et codicille accomplis, il les donne et legue à l'Hostel Dieu de Paris, qu'il faict son legataire universel.

Ce fut ainsy faict, dicté et nommé par ledit sieur Balesdens ausdits nottaires et a luy leu et releu en ladicte chambre où il est gisant malade ledict jour vingt octobre mil six cens soixante quinze, entre deux et trois heures de relevee.

Et le vingt cinquiesme desdits mois et an, au mandement dudit sieur Ballesdans, les notaires soubsignez se seroient transportez en sa chambre....., lequel a encore, par forme de codicille et en confirmant ceux cy dessus escrits, ausquels il a persevéré, déclaré, dicté et nommé ausdits notaires ce qui en suit, scavoir qu'il revocque le legs qu'il a faict au sieur *Benserade* d'une bague par le codicille qu'il a faict par devant Quarré et son compagnon nottaires.

Item revocque aussy tous les legs qu'il a faictz à tous ses filleuls et filleules par testament ou codicille.

Plus veult et entend, en consideration de l'amitié qu'il a pour les religieux de Sainte Geneviefve au mont, de Paris, qu'il leur soit diminué huit cens livres sur les dix mil livres à quoy ont esté esvaluez ses livres par ledit codicille, payable le surplus ainsy qu'il est porté par son dict codicille, ausquels huit cens livres ainsy diminuez, il entend que les droicts de la sépulture soient compris.

Item donne et lègue à mesdamoiselles Vallet, ses cousines, a chacune trente livres.

Item donne et lègue à monsieur l'evesque d'Amiens une bague de Hiacinthe et la belle qui est gravée.

Item donne et lègue à monseigneur Colbert, ministre d'Estat, les quatres manuscrits qui luy a renvoyez, pour le prix qu'il voudra, et tous les autres qui resteront qui luy soient delivrez pour la prisee qui en sera faicte, à luy legue un petit tableau representant Jacques Cœur et sa femme.

Ce fut ainsy fait par ledict sieur Ballesdans ausdits notaires, et à luy leu et releu par l'un d'iceux, l'autre présent, les dits jour et an sur les trois heures de relevee... le tout demeuré audict Lemoyne, notaire.